Q

2512

ESSAI

SUR LA BIBLIOGRAPHIE,

ET SUR LES TALENS

DU BIBLIOTHÉCAIRE.

> « *Asinii Pollionis hoc Romæ inventum, qui primus bibliothecam dicando, ingenio hominum rem publicam fecit.* » Plin. Maj.
>
> Asinius Pollion est le premier qui, consacrant une bibliothèque dans Rome, fit que les richesses de l'esprit devinrent une propriété publique.

Prix, 75 centimes.

SE VEND,

A PARIS, à l'Imprimerie-Librairie Chrétienne, rue Saint-Jacques, n.º 278.

Et chez l'Auteur, rue Jacob, N.º 1198.

AN IX.ᵉ. RÉP. FR.

Citoyens et anciens Collègues,

Si l'Essai sur la Bibliographie que je présente au Public, a l'avantage d'obtenir ses suffrages, permettez que je vous en cède le principal mérite. C'est dans nos entretiens, où présidoient la fraternité et l'amour des lettres, que j'ai conçu le projet de disposer dans un ordre clair et méthodique, les richesses que l'esprit humain a acquises dans le long cours des siècles littéraires.

Heureux, si vos élèves et vous-mêmes, citoyens collègues, voyez dans cet Essai le desir constant qui m'a toujours animé, de mériter votre estime et d'être utile à la jeunesse.

Salut et amitié,

PARENT, l'aîné, *Professeur d'Histoire et de Géographie.*

ESSAI
SUR LA BIBLIOGRAPHIE,
ET SUR LES TALENS
DU BIBLIOTHÉCAIRE.

LA faulx du tems, en moissonnant les grands hommes, a trop souvent étendu ses ravages sur les rares productions de leur génie.

Sans doute ce n'est point la première enfance du monde, l'époque où, selon les monumens d'une histoire incertaine, nous voyons les Grecs sauvages et dispersés recevoir, comme des Dieux tutélaires, ceux qui leur enseignèrent les premières formes des gouvernemens, et qui leur apportèrent les essais informes des arts et des sciences, que les neveux de ces mêmes Grecs perfectionnèrent dans la suite avec tant d'éclat.

Sans doute des peuples naissoient pour nous, tandis que des nations célèbres et populeuses, avoient déjà brillé et s'éclipsoient par la révolution des siècles. La science des monumens n'avoit point encore appris à l'homme à lutter avec succès contre les efforts d'un tems destructeur. Pendant combien de siècles la terre a-t-elle été occupée à contempler, à nourrir, à renouveler les générations nombreuses des Chinois, des Indiens, des Chaldéens, des Egyptiens, des Titans, des Scythes, des Phéniciens, des Hébreux ! et néanmoins quelques pages suffisent pour rassembler les notions certaines que l'on a dérobées au tems sur ces peuples divers, avant les époques qui ouvrent la carrière du monde connu.

Ne nous flattons pas d'être à l'abri des révolutions morales et physiques du globe que nous habitons ; mais néanmoins osons assurer que l'histoire du genre humain repose maintenant sur des bases si vastes, si solides, qu'il n'est guères possible aux révolutions quelconques, d'en dévorer les pages essentielles.

Quoique de grands maîtres aient traité avant moi des moyens par lesquels le genre humain, à force d'essais, d'inventions et de génie, est parvenu à se créer une véritable immortalité ; j'ose mêler ma foible voix à leurs recherches savantes, pour applaudir à ces moyens, et pour développer mes vues sur l'art de la bibliographie, et sur les talens d'un bibliothécaire.

PREMIÈRE PARTIE.

L'Imprimerie (1) est pour la sphère étendue du génie de l'homme, ce que la nature est pour le globe terrestre. Celle-ci multiplie les germes des êtres soumis à son triple empire, comme l'autre multiplie les productions de l'esprit, avec une indestructible prodigalité. Mais plus la nature prodigue les germes et les élémens des êtres, dans les vastes champs de la vie, plus il est nécessaire d'avoir un fil qui dirige la marche de l'observateur. C'est l'histoire naturelle qui fournit ce fil d'Ariane.

L'Imprimerie aussi riche, aussi prodigue que la nature, nous accableroit sous le poids de ses immenses richesses, si l'on n'avoit pas trouvé l'art de les soumettre à un certain ordre qui augmente leur valeur : cet art, c'est la BIBLIOGRAPHIE (2).

----

(1) L'invention de l'Imprimerie remonte à 1440 au plus. Fauste et Schœffer, son gendre, furent les collaborateurs de Gattemberg dans cette superbe invention, et doivent en partager la gloire.

(2) De deux mots grecs, βίβλιος et γράφη : Écriture sur les Livres.

Nous prenons ici ce mot dans toute son étendue, non-seulement en tant qu'il désigne la connoissance, mais aussi l'amour raisonné des productions de l'esprit.

Si l'homme est parvenu par des degrés insensibles à connoître les véritables principes et les avantages de la sociabilité ; s'il a mis à profit les arts et les inventions de l'industrie et du génie, pour arriver au degré de perfection qui l'élève autant au-dessus de l'homme sauvage que celui-ci surpasse l'huître insensible attachée sur son rocher ; s'il a conservé les titres écrits qui constatent sa noblesse et ses droits ; s'il a pu consulter dans le cours des siècles et des révolutions le grand livre de l'expérience, cette première et nécessaire institutrice du genre humain, pouvons-nous douter que ce soit à la bibliographie que l'homme doit ces précieux avantages ?

Si l'homme civilisé, malgré les crimes qu'ont enfantés les principes vicieux et les hommes méchans qui, presque par-tout, ont présidé à l'organisation des sociétés ; si, dis-je, l'homme social et raisonnable sait goûter de véritables plaisirs et des momens de bonheur ; si l'homme privé et modeste trouve souvent au sein d'une heureuse obscurité, que son sort est préférable à celui des grands et des puissans de la terre ;

si l'homme puissant entend chaque jour mille voix qui lui crient de mettre un frein à son ambition, de travailler au bonheur de ses concitoyens, qu'il n'est grand qu'à cette condition; si l'homme de lettres acquiert en quelques jours, les connoissances qui coûtèrent des demi siècles à ses prédécesseurs ; si l'artiste est sans cesse entouré de rivaux et de grands maîtres, qui le conduisent à la perfection de son art ; si l'homme opulent connoît un moyen sage, estimable, délicieux d'utiliser ses richesses ; si la jeunesse peut éprouver des plaisirs purs qui servent de contre-poison à des plaisirs corrupteurs, prendre des goûts utiles qui éteignent par degrés, les goûts dangereux ou déraisonnables, contracter d'heureux penchans qui servent de contre-poids à des passions funestes et turbulentes ; si le vieillard enfin jouit dans chacun des instans qui lui restent, de tous les siècles qui le précèdent, et se console de sa fin prochaine par le spectacle enchanteur des siècles , des générations , des peuples se succédant avec rapidité dans la vaste carrière de l'existence, qui pourroit nier que tant de bienfaits sont dus aux progrès de la bibliographie?

Si enfin, au lieu de répéter, avec quelques moralistes moroses, ou trop peu clairvoyans, que le monde va se corrompant tous les jours, nous appercevons dans un avenir sans doute encore trop éloigné , le tems heureux où la raison et la nature feront entendre et respecter leur voix dans l'un et l'autre hémisphère ; où la vérité l'emportera sur tous les fantômes de l'erreur ; où la liberté des peuples coalisés sera désormais à l'abri de ces atteintes funestes, de ces révolutions douloureuses qui dévorent des générations entières ; où la morale de la nature aura renversé tous les autels ensanglantés de l'affreuse superstition , pour établir le culte simple , uniforme , universel des vertus utiles à la grande famille du genre humain ; où toutes les barrières morales , politiques et religieuses qui séparent les nations , seront renversées , nous devons attendre ces prodiges des lumières fécondes répandues par la bibliographie.

Ces avantages sentis par les hommes pensans, ont été recherchés chez tous les peuples célèbres de l'antiquité. Tout le monde sait que le roi Ismandès (1) consacra les salles intérieures du

---

(1) Ou Osymandès. Ce fut un grand triomphe remporté sur les Hyérophantes qui avoient caché avec soin les livres et les sources de la science. L'écriture hyéroglyphique ne fut long-tems en usage que pour faire un mystère au peuple de tout ce que les membres de la même société ont droit et intérêt de connoître.

plus fameux palais d'Égypte, à la conservation de la première bibliothèque de l'Univers ; et que sur la porte de ce palais des sciences, étoient écrits ces mots : *ψυχῆς ἰατρεῖον, pharmacie de l'ame.*

Si parmi les usurpateurs du pouvoir suprême, il en est dont les noms se présentent avec moins d'horreur au souvenir des hommes libres, on peut mettre de ce nombre le tyran Pisistrate, auquel nous tiendrons non-seulement compte d'avoir respecté la personne du sage Solon, lorsqu'il détruisoit son ouvrage, mais sur-tout d'avoir été le premier qui ait formé une précieuse bibliothèque chez les Athéniens.

Qui l'eût cru ? L'imbécille Xercès, tout follement jaloux qu'il fût de la gloire d'Athènes, respecta sa bibliothèque fondée par Pisistrate ; et la transporta religieusement en Perse, d'où les Séleucides la firent revenir dans l'enceinte sacrée de sa première patrie.

HONNEUR à cette terre immortelle de la Grèce, de la science et des arts ! où les despotes eux-mêmes, maîtrisés par l'opinion publique, se faisoient honneur de conserver, d'embellir les dépôts de la science, et de reconnoître ainsi tacitement les crimes de la tyrannie, les droits des peuples et les principes généreux de la liberté.

Les princes les plus puissans ne crurent pas

que ce fût la moins éclatante entreprise confiée
à leur grandeur ambitieuse, que la recherche
et la collection des ouvrages littéraires. Les
hommes les plus célèbres, après y avoir puisé
une partie de leur mérite, mirent leur gloire et
leur plaisir à multiplier les sources de la bibliographie.

Alexandre, nourri des beaux arts de la Grèce,
consacra un riche bijou des rois de Perse, à
conserver la plus rare production de l'esprit humain; l'ILIADE. Ce même conquérant employa
ses trésors et le génie de son instituteur, à rassembler de tous les points de la terre qu'il par-
courut en triomphe, les ouvrages de la nature
et de la philosophie.

Les Ptolomées, ses dignes successeurs en
Égypte, s'immortalisent par une collection
bibliographique, connue sous le nom de bibliothèque d'Alexandrie. Que de larmes ont fait
verser aux savans, depuis près de dix-neuf siècles,
les flammes impies qui dévorèrent cette riche
bibliothèque, sous le triumvirat de César et
de Pompée; qui dans des tems plus modernes,
lorsque de ses riches débris et du fruit de plusieurs siècles, on eut formé une nouvelle collection, sinon plus riche, du moins plus nom-
breuse que la première, la firent servir d'aliment

aux buchers fanatiques qu'avoit allumés le farouche Omar !

Mais détournons nos regards effrayés des horribles attentats du despotisme et de la superstition, ces éternels ennemis des sciences et des nations, pour les porter rapidement sur les illustres amis et les fondateurs des monumens bibliographiques.

Sur les bords de la Propontide, je vois le savant Philetère, chef des Attalides, fonder un empire brillant, et rassembler la fameuse bibliothèque de Pergame, qui apprit au célèbre Attale le secret d'être plus heureux sur le trône par la possession des richesses de l'esprit, que par celle des immenses trésors que lui avoit procurés une longue économie.

Paul Emile, philosophe et guerrier, triomphe du malheureux Persée, dernier roi de Macédoine. De rares et d'innombrables richesses sont déposées à ses pieds : Paul Emile les fait porter au trésor public ; mais quant à la bibliothèque, il la fait soigneusement transporter à Rome, comme le plus précieux héritage qu'il pouvoit léguer à ses enfans. C'est à l'époque et à l'exemple de ce grand homme, que les livres se multiplièrent dans Rome, et enfantèrent le goût des sciences et de la bibliographie.

Qui n'a point entendu vanter les immenses

domaines, la table somptueuse de Lucullus :
Mais sait-on également que ce général romain
dut à son amour et à l'étude des livres, ses
succès militaires ? sait-on également qu'il dut
au bon usage de sa vaste bibliothèque, d'avoir
laissé un nom cher et illustre parmi les beaux
esprits et les personnages distingués de la république romaine ? (1)

Pompée aimoit passionnément les livres, et
jugea de l'ineptie d'un instituteur, par le mau-
vais choix de sa bibliothèque.

Asinius Pollion, ce républicain vertueux et
savant, autant que guerrier célèbre, fut le premier qui établit dans Rome des bibliothèques
publiques ; c'est au sein de la sienne, enrichie
des livres les plus rares, qu'il oublia les gran-
deurs et l'éclat attachés aux emplois publics et
qu'il dédaigna l'amitié d'Octave, l'oppresseur de
la liberté romaine.

Octave, devenu l'empereur Auguste, crut

---

(1) Cicéron et Caton l'ancien s'ensevelissoient souvent
dans la bibliothèque de Lucullus ; et Cicéron dit que
Caton, au milieu de tant de volumes, paroissoit un
helluo librorum : dévoreur de livres.

Cicéron lui-même nous apprend qu'il économisoit
le fruit de ses récoltes pour acheter la bibliothèque
d'*Atticus*.

faire oublier les crimes du triumvirat, en protégeant les lettres et les savans. La marque la plus solemnelle qu'il donna de son amour pour les beaux arts, fut le soin qu'il prit de rassembler une bibliothèque publique dans le temple d'Apollon Palatin.

L'empire romain tombe en décadence, et avec lui s'ensevelit le goût de la bibliographie. Partout des essaims de barbares ignorans portent le fer et les flammes, la servitude ou la mort, l'ignorance enfin qui seule est plus funeste que tous ces horribles fléaux. Les sources de la bibliographie sont taries; et plus souvent encore sont empoisonnées par les ministres de la superstition ou de la tyrannie.

Malgré les louables efforts de Charlemagne en faveur des lettres, la science demeura concentrée dans le fond des monastères; et quelle science encore que celle qui n'avoit pour guide que les ennemis systématiques de la raison et de la nature! L'art d'écrire n'existant plus qu'entre les mains d'un petit nombre de moines, la bibliographie perdoit de jour en jour de ses anciennes richesses; et la cherté d'un simple manuscrit de quelques pages ne permettoit qu'aux souverains d'en pouvoir rassembler un petit nom-

bre. (1) D'ailleurs la mystique subtilité de quelques théologiens occupant de préférence l'oisiveté
des moines, les chefs-d'œuvres de la Grèce et
de Rome languissoient dans le coin de quelques
bibliothèques informes : que dis-je ! à l'exemple
de Grégoire I. il ne se trouva presque point de
chef monacal qui ne se fît un mérite de détruire
ce qu'ils appeloient des auteurs payens ; et c'est
ainsi que presque tous les ouvrages célèbres furent mutilés et sur le point d'être entièrement
arrachés des mains de l'immortalité. Ah ! les
trésors qui ont échappé à cette terrible persé-
cution des siècles d'ignorance, nous console-
ront-ils jamais ceux qui ont été dévorés ?

Mais une lueur d'espérance brille aux yeux
des philosophes. La chûte de l'empire d'Orient
fait refluer en Europe, un grand nombre de savans et les sources de la science. Les Arabes
enrichis des dépouilles des vaincus, et par un
commerce excessivement étendu ; les Arabes ras-
sasiés de luxe, ne sont plus, comme leurs ayeux,
les ignorans satellites du farouche Omar, mais
les amis des beaux arts. Les trois parties du
monde connu reçoivent des mains de ces guer-

----

(1) Antoine de Palerme vendit sa maison pour acheter
un manuscrit de Tite-Live.

riers commerçans, les germes de la philosophie et le culte de la poésie et des talens
aimables.

Tu parois enfin, heureux Guttemberg, aidé
de tes immortels collègues, Fauste et Schœffer;
et de vos presses garnies de caractères gravés
sur le bois, sortent des chefs-d'œuvres qui sur-
passent la belle écriture du quatorzième siècle et
qui étonnent encore les grands maîtres de l'art typographique! Que vos noms gravés au temple de
mémoire, soient chéris à jamais des partisans
de la bibliographie!

L'esprit humain prend un nouvel essor; l'i-
gnorance frémit de voir s'atténuer les ombres
qui cachent sa hideuse nudité et sa méprisable
ineptie. Les sources de la science se multiplient;
le clergé romain n'est plus pour l'Europe, ce
qu'étoient pour l'ancienne Egypte les mysté-
rieux hyérophantes. Les hommes de tous les
rangs, de tous les états prennent du goût pour
les sciences; les universités, les académies, les
congrégations savantes, les collèges ouvrent de
toute part les sources de l'instruction. La science
appelle la science; la noblesse ci-devant honorée
de son ignorance, embellit ses châteaux de
recueils bibliographiques, depuis que le père de
la philosophie en France, Michel Montagne, lui
a donné de grandes leçons et un grand exemple.

Charles VIII fonde la bibliothèque du collège de Navarre, la plus ancienne que connoisse la France littéraire. Le fameux cardinal d'Ailly élevé dans ce collège lui lègue une partie de ses biens et le plus précieux de tous, sa bibliothèque.

François I.ᵉʳ, nommé avec raison le père des Lettres et des Beaux-arts, qui traitoit d'égal à égal avec le célèbre Raphaël, fonde le collège Royal et la bibliothèque qui a servi de premier fondement à la bibliothèque nationale.

Cependant de grands obstacles s'opposoient encore aux progrès de la bibliographie. La philosophie loin de présider aux collections qui se formoient, gémissoit sous le système de proscription qu'avoit adopté la cour de Rome chrétienne. L'index des papes a peut-être plus nui aux progrès de la bibliographie, lors de la renaissance des lettres, que les flammes qui, pendant six mois échauffèrent, avec des monceaux de volumes, les bains d'Alexandrie. Mais une puissance morale vint rivaliser celle des papes : l'opinion des hommes se partagea entre Rome et Genève ; et désormais l'index devint un moyen sûr pour le parti contraire, de reconnoître et de rechercher les productions de l'esprit, que le despotisme religieux vouloit anéantir. Ainsi au milieu des déplorables divisions qui,

pendant

pendant plus de dix siècles, ont fait les malheurs de nos ayeux catholiques ou huguenots, la philosophie attentive à préparer en silence les remèdes propres à guérir les maladies de l'esprit humain, conserva, rassembla, dans les bibliothèques des chefs de divers partis, les ouvrages précieux qui portoient ombrage à l'intolérance.

L'exemple du savant David Ancillon, ministre de Metz, mérite d'être cité. Dans le silence d'une étude opiniâtre et pendant le cours de quarante-quatre années Ancillon avoit rassemblé des milliers de livres et de manuscrits, au milieu desquels il passoit la plus grande partie de sa vie : il recherchoit sur-tout les premières éditions, et comptoit dans sa riche collection, des épreuves des premiers grands maîtres en typographie. (1)

L'Édit de Nantes est révoqué; Ancillon proscrit est obligé de fuir, de se dérober à ses livres, de s'arracher des bras de ses amis. Sa bibliothèque devint la proie d'une nuée d'hommes avides ou ignorans. Heureusement Ancillon prévoyant cet

____

(1) Bayle étoit pour les premières éditions; il dit que c'est la première pensée de l'auteur, et que les corrections des éditions postérieures sont des leçons fort instructives.

horrible coup du despotisme, avoit enlevé de sa retraite et fait transporter dans un sûr asyle, ceux de ses livres qui auroient été dévorés par l'intolérance royale et religieuse.

Mais au reste, que pouvoient alors tous les efforts des sectes superstitieuses et des despotes ignorans, contre les torrens de lumière qui découlent chaque jour des presses typographiques! Les quinzième et seizième siècles tirent de l'obscurité et multiplient les ouvrages des anciens; des nuées de savant profonds semblent sortir des écoles d'Aristote et de Platon, de Sénèque, de Plutarque et de Quintilien. Si la bibliographie fut chargée alors de productions volumineuses et souvent informes, au moins trouva-t-elle dans ces écrivains infatigables, des mains laborieuses qui recueillirent avec respect, tout ce que la docte antiquité nous transmettoit, à travers les révolutions des siècles et des empires.

Le dix-septième siècle fut pour la bibliographie un siècle de conquête, ou pour mieux dire, de la plus abondante moisson. Tous les empires de l'Europe, toutes les villes, tous les cantons, toutes les sociétés eurent leurs bibliothèques; et ce que le siècle précédent offrit dans la famille savante des Fugger (1) comme un prodige,

____

(1) L'un d'eux, nommé Hulric Fugger, avoit une

devint commun et presque nécessaire chez tous les citoyens aisés.

Que dirons nous enfin de notre siècle, où les sources de la bibliographie, ouvertes de tous côtés, offrent aux enfans mêmes, le lait de la science et la facilité d'être, à dix-huit ans, plus riches en choses que le trop fameux Picq de la Mirandole ne l'étoit en mots ; et de paroître, plus véritablement, que le savant Thomas Dempster, de grandes bibliothèques parlantes ?

Mais arrêtons nous ici pour bénir la révolution française, dont l'un des plus précieux bienfaits est d'avoir donné à la bibliographie toute la latitude, toute la liberté que la philosophie réclamoit depuis long-tems pour elle. Telles ou telles sources de la science désormais ne seront plus scellées ; l'ignorance ne condamnera plus à l'exil, à la proscription les productions natives du génie ; le despotisme ne vouera plus aux flammes, les conceptions des hommes libres ; la superstition n'élévera

bibliothèque dont les livres égaloient le nombre des étoiles. Ses parens voulurent le faire interdire ; la sentence fut cassée. Il légua sa bibliothèque à l'électeur-palatin.

plus, entre les livres et les hommes, des barrières trop long-tems redoutables. (1)

-----

(1) Tantôt ce sont les philosophes qui sont proscrits
sous des empereurs ignorans et féroces ; tantôt c'est
Aristote qui, après avoir été l'émule des théologiens,
est condamné, comme une source d'hérésies : là, c'est
Galilée qui, comme dit fort plaisamment Voltaire, de-
mande pardon d'avoir eu raison sur les mouvemens cé-
lestes ; ici c'est Voltaire lui-même, qui, comme Descartes,
est forcé de chercher une nouvelle patrie, en sa pré-
tendue qualité d'athée.

DEUXIÈME PARTIE.

Du Bibliothécaire.

PREMIÈRE SECTION.

Quel doit être un Bibliothécaire ; ses connoissances.

CONVENONS cependant que tant de bienfaits reçoivent un nouveau degré d'utilité, lorsque des directeurs éclairés président aux dépôts sacrés de la bibliographie. Une bibliothèque publique est semblable aux mines du Potosi, qui renferment dans leur sein les richesses métalliques dont s'alimente l'industrie des nations : mais un bibliothécaire est le minéralogiste habile qui a sondé toutes les veines de la mine ; qui connoît et indique celles qui sont abondantes ou stériles, utiles ou dangereuses ; qui désigne les déblais nécessaires à une heureuse exploitation ; et qui classe enfin les métaux divers, et les prépare pour le creuset.

Si tous les bibliothécaires n'ont point la science étendue et les talens d'un Démétrius de Phalère, auquel les Ptolémées, confièrent la direction de la bibliothèque d'Alexandrie, il faut convenir que les fonctions importantes qu'ils

3

remplissent, exigent un mérite qui ne soit pas ordinaire. Les connoissances et la méthode d'un bibliothécaire doivent être comme la table qui, à la tête d'un ouvrage, en coordonne toutes les matières.

Connoître l'origine et la filiation des connoissances humaines, les liaisons et les rapports fraternels qui unissent entr'eux tous les arts mécaniques ou libéraux : pouvoir suivre de siècle en siècle, d'âge en âge, la chronologie des auteurs et des artistes : savoir quelles richesses d'esprit, de génie, de talens appartiennent à telle ou telle nation, de manière que toutes les époques chères à la philosophie, à la littérature se présentent nettement à la mémoire ; de manière que le siècle d'Homère et Thalès, Bias et Solon, celui de Pindare et d'Euripide, de Démosthène et d'Isocrate, de Socrate et de Platon, de Theucidide et de Xénophon, de Methon et d'Hippocrate, de Phidias et d'Appelles ; celui encore d'Aratus et de Phocion, d'Epicure, Zénon, Ménandre, Archimède et Théocrite, ne fassent point une confusion embarrassante ; de manière que les règnes des Alexandre, des Ptolémées, des Attalides présentent, avec une grande clarté, les bornes qui ont circonscrit leur patrimoine scientifique : suivre plus scrupuleusement les progrès

des sciences, parmi les Romains, que ceux de
leurs armes, depuis qu'ils eurent adopté les arts
des Etrusques, et détruit, par une jalousie con-
damnable, les monumens précieux que ces enfans
de l'ancienne Grèce avoient élevés dans le tems
de leur prospérité : des essais d'Ennius, de Lu-
cile, de Plaute, de Caton le censeur, passer
aux immortelles productions de Lucrèce, de
Catule, de Térence, de Jules - César, de Sal-
luste et du prince de l'éloquence : à ceux-ci
voir succéder rapidement leurs célèbres rivaux,
les Horace, les Virgile, les Tite-Live, les
Phèdre, tous ceux enfin qui communiquent l'é-
clat de leur gloire au siècle d'Auguste : de ces
derniers, séparer, par une ligne de démarcation,
les Plines, les Sénèques, les Lucain, les Tacite,
les Martial, les Quintilien, les Ptolomée, les
Papinien, les Vitruve : savoir distinguer, à
travers les ombres épaisses de l'ignorance, causée
par le débordement des barbares, les lueurs
précieuses que répandirent sur l'horison littéraire,
les Boëce, les Cassiodore, les Procope et les
Symmaque, le règne de Charlemagne et d'Al-
fred-le-Grand, Avicenne, Abélard et son Hé-
loïse, Averroës, Robert de Sorbonne, Mathieu
Paris, Albert-le-Grand, Roger Bâcon, Jean
de Meun, Lulle, Dante, Joinville, P. de Cu-
gnières, Barthole, J. Bocace et Fr. Pétrarque,

Wiclef, Froissart, P. d'Ailly, Léon Arétin et J. Fr. Poggio recueillir parmi les Arabes, devenus tout puissans en Europe, en Asie et en Afrique, les monumens littéraires, et surtout les productions poétiques que le génie oriental enfanta dans les diverses parties de leur vaste domination; tels sont les premiers et les plus solides fondemens sur lesquels un bibliothécaire doit élever l'édifice de ses connoissances.

La révolution produite dans la bibliographie, par l'invention divine de Guttemberg, sur la fin des siècles d'ignorance, aggrandit son travail en le rendant plus facile. Il suit pas à pas les générations littéraires qui se succèdent rapidement.

Bessarion, Antoine de Palerme, Juvénal des Ursins et Villon, lui ouvrent cette vaste carrière. Il y voit entrer ensuite Agricola, Boiardo, Ange Politien; sur leurs pas succéder Calepin, Christophe Colomb, Philippe de Comines, J. Despautère, Saint-Gelais, Jos. Pontanus et le sceptique Pomponace, qui ferment le quinzième siècle.

Quelles jouissances lui offre le siècle suivant! Quelle moisson pour sa mémoire! Quels monumens précieux pour ses tablettes bibliographiques! Quel éclat répand dans le monde savant le siècle de François I et de Léon X!

(25)

Trois époques ou générations composent ce siècle de la science ressuscitée : l'époque de François I, celle de Henri II et celle de Henri IV.

Dans la première époque, paroissent Paracelse, Érasme, Agrippa, pour la philosophie ;

Arioste, Bembo, Marot, Sannazar, pour la poésie ;

Guillaume du Bellai, Machiavel, Thomas Morus, pour la politique ;

Copernic, Fernand Cortez, Fernand Magellan, pour les découvertes scientifiques ;

Baptiste Mantouan, Raphaël, pour les arts ;

Guichardin, Alde Manuce, Paul-Émile, Polidore, Virgile, pour l'histoire.

Robert Étienne préside à la seconde époque, qui se trouve illustrée par les savans de Thou, Jules-César Scaliger, Jovien, Fracastor et Paul Jove ; par d'aimables poètes, tels que l'Arétin, le Trissin, Pibrac et Marguerite de Navarre ;

Par Michel de l'Hôpital, modèle des législateurs, dans des tems de crimes et d'orages ;

Par Zabarella, ce philosophe hardi, près des bûchers de l'inquisition ;

Par Buchanan, Danès, Cardan, Rabelais et Muret, ces littérateurs estimables ;

Par Michel-Ange, l'un des aigles de la peinture, qui n'éclipse pas néanmoins l'éclat dont brillent dans le temple de mémoire, les Titien et les Paul-Véronèse.

À l'époque du bon Henri, Clio lui présente Jacques Amiot, du Bartas, Baronius, Alde Manuce-le-jeune, pour l'histoire : Bodin et Sully, pour la politique ; Juste Lipse, Joseph Scaliger, Ger. Vossius, pour les recherches savantes et chronologiques ; Guy Coquille, Cujas, pour la jurisprudence.

Euterpe s'avance gaîment en tenant par la main Orlando Tasso.

Terpsicore forme des pas mesurés, en répétant quelques-uns des chants de Régnier, Desportes et Passerat.

Érato avec sa lyre s'appuie sur Étienne Pasquier et Théodore de Bèze.

Uranie mesure les cieux avec Ticho-Brahé ; et Nicot qui les suit dans leurs courses sur la terre, apporte en France la poudre qui reçut son nom.

Polymnie escortée d'une foule d'artistes et de philologues, sourit à Annibal Carrache, à Christophe Plantin, à Henri Étienne ; aux frères Pithou, à Michel Montagne, P. Charron.

Calliope enfin prête au Tasse et au Camoëns, sa trompette héroïque.

Thalie et Melpomène, planant au-dessus des théâtres grossiers et ridicules que leur dressoient alors nos dévots ayeux, appellent fortement sur la scène les grands maîtres de l'art dramarique : bientôt leur longue viduité sera glorieusement consolée par les Sophocles et les Térences modernes.

Mais arrêtons-nous à l'entrée du dix-septième siècle. Quelque glorieuse que soit pour l'esprit humain, opulente pour la bibliographie, agréable pour la mémoire, séduisante pour l'imagination et chère enfin à l'auguste philosophie, l'immense nomenclature que nous fournissent les règnes de Louis XIII et de Louis XIV, nous ne pouvons la présenter ici, sans tomber dans une monotonie fatiguante ; mais nous supposerons que le bibliothécaire connoît toutes les plantes robustes et vivaces qui garnissent les forêts de la bibliographie, depuis l'humble et verdoyante bruyère jusqu'aux chênes majestueux qui cachent leurs fronts dans les nues.

Dès l'époque du règne de Louis XIII, il voit jaillir des flots de lumière de toutes les parties de l'Europe.

L'Angleterre s'honore de son Fr. Bacon, de Guillaume Cambden, de Shakespear ;

L'Écosse, de Barclay ;

Les Belges de Vandick, de Grotius, de Daniel Heinsius :

L'Italie se glorifie de Th. Campanella, de Davila, du Guide, du Dominiquin, de Galilée, de Guarini, du chevalier Marin ;

L'Espagne, de Michel Cervantes, de Lopès de Véga :

L'Allemagne est illustrée par J. Képler, et P.-P. Rubens; Genève, par Isaac Casaubon :

La France enfin, prépare l'éclat éblouissant des générations suivantes, avec la lyre de Malherbe et de Brébeuf; avec le télescope de Descartes et de Gassendi; avec les lampes silencieuses des Mersenne, des Pétau, des Naudé, des Saumaise, des Sainte-Marthe; avec le miroir de Lamothe-Levayer et de Pascal; avec le burin des J.-Aug. de Thou, des Brantôme et des Rapin-Thoiras; avec la plume des Voiture et des Vaugelas; avec le cothurne de J. de Rotrou; avec le flageolet de Scarron et de Sarrasin; avec les échelles de Nic. Samson et même avec les chevilles de maître Adam Billaut.

Quelqu'étendue et fatigante que soit la science de cette nomenclature pour le bibliothécaire, s'il ne connoît les auteurs et leurs productions que par les titres qu'ils portent, comme ces fastueux ignorans dont parle Sénèque, il se trouvera sans cesse au-dessous de ses fonctions, et ne sera pas plus utile aux progrès des sciences dans son pays, que la sentinelle placée par la police près des monumens nationaux.

Ainsi connoître la pensée principale, les

systêmes des auteurs ; n'être étranger à aucun des arts libéraux ou mécaniques ; posséder des notions précises sur les principales langues anciennes et modernes ; n'ignorer aucune des révolutions qu'ont éprouvées les ouvrages d'esprit, non plus que les éditions diverses qui leur ont donné une vie nouvelle : tel doit être le directeur intelligent que ses concitoyens ont jugé digne de surveiller le dépôt des sciences.

Mais sur-tout avec quel empressement l'habile directeur doit-il pouvoir interroger les bibliographes les plus distingués, et les typographes auxquels l'esprit humain doit le perfectionnement de l'art merveilleux de l'Imprimerie ! Avec quel soin curieux doit-il offrir à ses concitoyens, les premiers et rares essais de Fauste, Schœffer et Guttemberg, en Allemagne ; les savantes éditions des Etiennes en France ; de Robert Etienne et de Conrard Badius à Genève ; des frères Simon de Paris ; de Robert Constantin de Caën ; de ce Josse Badius, à qui l'art typographique doit, sinon l'invention, du moins l'usage familier des caractères ronds et romains, au lieu des caractères gothiques qui étoient plus généralement usités : les épreuves plus élégantes encore des quatre frères Elzévirs, dont les presses immortalisent les cités de Leyde et d'Amsterdam ; celles du Vatican sous la direction des Aldes et Paul Manuces de Venise ; de ce Michel Vascosan, allié des Badius et des Étiennes, qui, par la beauté du caractère et du papier, des espaces marginaux, et par l'exactitude de l'impression, s'est fait un nom distingué dans une famille à jamais mémorable !

Néanmoins son amour pour ces premiers chefs-d'œuvres typographiques, n'est point une idolâtrie qui affoiblisse son admiration pour leurs célèbres successeurs. Les Creech, les Mattaire, les Baskerville de Londres, ne font que le rendre plus juste appréciateur des talens de Sigismond Havercamp de Leyde, des Barbous de Limoges et de Paris, des Coustelier, des Baudoin, dont la France s'énorgueillit, et surtout des Didots, dont les éditions stéréotypes vont produire une révolution précieuse, et faire une époque remarquable dans la bibliographie et dans l'art typographique.

Aidé du catalogue des imprimeurs les plus renommés, il saura distinguer les éditions vraies et pures, des contrefaçons adultérines.

Ses pas d'ailleurs ne seront-ils pas guidés par les plus savans bibliographes, qu'il a soin d'interroger, et sur les éditions et sur le mérite, et pour l'intelligence des auteurs ?

Casaubon, bibliothécaire de Henri IV, aussi distingué par son savoir que par sa candeur, sa tolérance, dans un siècle de guerres religieuses;

C. C. François Simon de Colines, imprimeur et auteur, savant dans les recherches mythologiques;

Les frères Pithou, respectés dans un tems de factions et de haines, pour leur science, leur probité, leurs talens distingués dans la magistrature;

Les frères Henri et Adrien Valois, bibliographes de France;

Denis Lambin, ce commentateur scrupuleux;

Cet Adrien Turnèbe, que plusieurs peuples voisins tentèrent d'enlever à la France, pour profiter de ses talens exquis pour l'imprimerie et pour la littérature. (1)

DEUXIÈME SECTION.

Plan et méthode du Bibliothécaire.

Présenter dans un ordre facile et lumineux, la filiation des connoissances humaines, c'est à cela que doit se rapporter toute la méthode d'un bibliothécaire placé près d'une école cen-

-----

(1) Turnèbe prenoit tant de plaisir à ses livres, qu'il passa plusieurs heures dans sa bibliothèque, le jour même de ses nôces.

trale. Ses ressources bibliographiques n'étant point immenses, ses richesses étant bornées, son plan par conséquent ne peut être aussi vaste que s'il présidoit à l'un de ces dépôts littéraires qui, bien plus grands que ceux d'Alexandrie et de Pergame, annoncent, avec une majestueuse abondance, les lumières de la grande nation.

J'ai vu beaucoup de bibliothèques publiques ou particulières ; mais aucune qui m'ait présenté sous un seul coup - d'œil, quelques-uns de ces grands résultats qui caressent l'imagination, nourrissent la curiosité, et préviennent l'engouement de l'esprit.

J'ai vu l'opulence prodigue entasser, sans autre dessein que de se mettre à la mode, des volumes achetés à la toise, et en meubler ses fastueux appartemens. *Plerisque litterarum ignaris, libri, non studiorum instrumenta sunt, sed ædium ornamenta.* (1)

J'ai vu l'idolâtrie pour l'obscure antiquité, rassembler ses volumes poudreux ou usés par le tems ; préférer des lambeaux informes et peu authentiques de la littérature syriaque, hébraï-

____

(1) Pour la plupart des ignorans, les livres ne sont pas un moyen de s'instruire, mais de parer leurs appartemens.

que ;

que, étrusque, arabe, celtique, chinoise ou gothique, aux productions immortelles de la Grèce et de Rome; s'ensevelir dans la bibliographie du quinzième siècle et négliger les richesses infinies des dix-septième et dix-huitième siècles.

J'ai vu, par une idolâtrie contraire, le caprice et la frivolité adopter de préférence les éditions enfantées par le luxe ou par une mode aveugle; n'estimer les volumes qu'autant que le maroquin leur prête sa livrée, que les tranches en sont peintes ou sur-dorées, que le format en est mignon, portatif, et qu'enfin leur réunion produit, sur de riches tablettes, une élégante uniformité. Ridicule abus de la science et des richesses! *An ignoscas homini aptanti armaria cedro atque ebore, et inter tot millia librorum, oscitanti, cui voluminum suorum frontes maximè placent* ? (1)

J'ai vu des demi-savans ensevelis dans d'immenses collections bibliographiques, nous faire un secret de la distribution et de l'ordre qu'ils avoient adopté, par un nouveau genre de

____

(1) Que penser d'un homme qui compose ses tablettes de cèdre et d'ivoire, et qui, oisif au milieu de plusieurs milliers de volumes, n'estime de ses livres que les titres et les frontispices?

3

charlatanisme ; se promener avec une morgue ridicule, au milieu de leurs séries scientifiques ; ouvrir mystérieusement leurs registres et leurs tablettes alphabétiques, comme autrefois les hiérophantes d'Égypte ouvroient, avec de scrupuleuses précautions, leurs livres sacrés et dévoiloient à demi leurs hiéroglyphes, aux Platon, aux Pythagore.

Là, j'ai vu l'oisiveté monacale endormie sur les énormes *in-folio* des saints pères et de leurs pesans commentateurs, ne se réveiller que pour condamner aux flammes les poésies d'Horace ou les essais de Montagne.

Ici, j'ai vu des sectes ennemies, porter jusques dans les sanctuaires de la bibliographie, leur esprit d'intolérance et leurs affreux systèmes d'ex-communication ; Genève et Rome s'exclure à l'envi de ces parvis du temple de mémoire ; le fougueux Calvin repousser le voluptueux Léon X, et en être, à son tour, excommunié ; la société fameuse qui enfanta les Pétau, les Rapin, les Vanière, les Bourdaloue, ne vouloir point habiter sur le même horison, avec les savans auteurs de Port-Royal et réciproquement.

Naguères j'ai vu l'ignorance se disant amie de la liberté et se targuant d'un patriotisme aveugle, respecter, ou même détruire les ouvrages enfantés par les amis, par les célèbres pensionnaires des rois, pour n'adopter que ceux nés au sein des républiques anciennes ou modernes, et provoquer ainsi malheureusement contre les sages amis de la république, l'accusation de vandalisme. (1)

Enfin, et plus souvent encore, j'ai vu les partisans de la royauté, les suppôts de la superstition, renouveler, dans leurs bibliothèques patrimoniales, les criminels excès du farouche Omar, des papes dominateurs, de la Sorbonne fanatique et du parlementaire Séguier, en pros-

---

(1) Ceci soit dit sans adopter les plaintes hypocrites de quelques demi-savans qui, en créant ou renouvellant ce mot de vandalisme, ont voulu justifier leur haine contre la révolution. Voici ce qui m'est arrivé. Un officier de garde révolutionnaire, aussi ignorant qu'honnête homme, vient chez moi, et, d'un coup de sabre, me détruit une belle estampe de Séb. Leclerc, représentant un sujet évangélique. J'arrive au moment où il alloit faire main-basse sur d'autres. Je lui fais sentir le mérite de ces ouvrages, le respect dû aux beaux-arts; et depuis, les arts n'ont pas eu de plus zélé défenseur ... N'est-ce pas encore un crime de plus à imputer plutôt à l'ancien régime qu'aux patriotes, que cette ignorance qui a causé de si grands désastres dans l'empire des beaux-arts et des lettres? Prenons garde d'adopter, sans commentaire, des mots dont les ennemis de la philosophie et de la liberté se sont servis contre'elles-mêmes.

crivant les ouvrages immortels de la philosophie
et les pages brûlantes du républicanisme.

On sent bien que le bibliothécaire supérieur
aux préjugés religieux, aux systèmes exclusifs,
aux fantaisies du luxe, aux petitesses de la demi-
érudition, n'adoptera aucune de ces méthodes
qui tendent à resserrer les limites de l'esprit
humain, au lieu de les aggrandir. Comme
l'historien, le bibliographe appartient à sa
nation et est l'ami de toutes les autres ; il
n'est le prêtre d'aucun culte, le ministre d'aucune secte, le chef d'aucune faction, l'initié
d'aucune coterie, l'adepte ou le candidat d'aucune académie, le partisan idolâtre d'aucun
système.

O vous qui êtes appelés à gouverner quelques-
uns des temples consacrés aux sciences et aux
beaux arts, pénétrez-vous de l'importance de
vos fonctions : que votre esprit se remplisse
d'idées grandes et libérales ; et pour cela, venez
dans la capitale du monde pensant, jouir des
spectacles enchanteurs que vous présentent les
monumens de la science et des arts, les sanctuaires augustes où président encore les génies
des Buffon, des Daubenton, des Thouin, des
David, des Lenoir. Voyez dans les galeries plus
magnifiquement ornées des productions natives
de chaque climat, de chaque élément, qu'elles

ne le seroient des productions éblouissantes du
luxe; voyez comme les richesses de la nature
se présentent par ordre aux regards avides du
spectateur! voyez comme les ordres, les classes,
les genres, les espèces, les familles distinguent
l'insecte et le reptile de son semblable, l'oiseau
de l'oiseau, le quadrupède du quadrupède, le
poisson de l'amphybie! voyez les contrastes
surprenans que présente la nature! Comme
elle différencie les climats! quel éclat elle donne
aux diamans de Golconde et de Visapour! quelles
variétés charmantes son pinceau imprime sur
les coquillages des mers orientales! à quelle
grosseur elle élève l'insecte et le reptile d'Amérique, en comparaison de leurs familles corres-
pondantes de l'Europe! On diroit que la fable
de la grenouille qui veut devenir aussi grosse
que le bœuf, s'est enfin réalisée.

Si du temple de la nature, vous passez à
celui des beaux arts, (1) quoique ce monument

(1) Rue et maison des Petits-Augustins à Paris, sous
la direction de Lenoir. Je ne connois cet estimable citoyen
que par le plan simple et grand qu'il a adopté; et c'est
par le sentiment d'admiration qu'il m'inspire, que je lui
ferai remarquer qu'il a placé, dans son ouvrage indicatif,
le mot *révolutionnaire* de manière à provoquer de funestes inductions. Ce n'est pas à l'artiste savant qui, par

vraiment digne d'un peuple puissant , ne soit encore qu'ébauché , vous serez frappé d'une idée grande , simple , lumineuse , qui en dirige les distributions savantes. Vous voyez LA SCULPTURE au berceau , croître , se fortifier , se perfectionner d'âge en âge et parvenir au point où l'a conduite le CISEAU de PIGALE...

Chaque siècle a son sanctuaire qui renferme ses essais ou ses chefs - d'œuvre. Espérons que par la suite , ce plan aussi simple qu'il est grand , prendra un développement plus grand encore ; et que renonçant à toute prédilection nationale , les chefs - d'œuvre des peuples anciens , des nations voisines , seront placés à côté des aborigènes.

Quels délicieux momens le bibliothécaire aura passé au sein des bibliothèques publiques , et sur-tout de la bibliothèque nationale ! (1)

----

suite de la révolution , se trouve revêtu d'une sorte de sacerdoce dans les arts libéraux , qu'il conviendroit d'insinuer que la révolution et ses amis ont conjuré contre les beaux-arts.

(1) Rue de la Loi (ci-devant rue Richelieu). Un sentiment pénible s'est emparé de moi toutes les fois que j'ai quitté cette bibliothèque , en voyant la facilité de détruire par le feu ce superbe monument. Les arrêtés de police et de sûreté pris par l'ancien directoire sont insuffisans.

quelle douce extase a dû captiver ses sens ! quelles utiles réflexions il aura faites sur l'étendue incommensurable de l'esprit humain !

Placez sur le sommet le plus élevé des Alpes orgueilleuses, un Buffon, un Buonaparte ; et que votre ame, s'il est possible, s'identifie avec leur ame, pour jouir complettement du vaste et magnifique spectacle qui se développe à leurs regards ! Des plaines verdoyantes dont des troupeaux nombreux parcourent les pâturages ; des crêtes de montagnes couvertes de neiges éternelles ; des chaumières, des villages, des bourgs, des villes, des contrées, des empires gouvernés par des lois et des usages différens ; des forêts antiques, des vallons obscurs ; des rochers reposant sur le limbe des plus affreux précipices ; des antres caverneuses, où l'oiseau de proie cache ses mœurs féroces et son aversion pour la lumière ; des bosquets de figuiers, d'orangers, de citronniers, où des oiseaux au pélage brillant et varié, saluent et célèbrent sans in-

---

Isolez ce temple sacré ; qu'un pourtour en colonnade ; que des portiques précédés d'allées d'arbres, de corps-de-garde, d'arènes et de gymnases pour les exercices du corps, annoncent et réalisent les grandes vues d'un gouvernement perfectionné ; ou craignez les fureurs d'un nouvel Erostrate.

4

terruption les beautés du jour naissant, et du soleil se plongeant sous l'horison : telles sont les beautés les plus frappantes qui viendront réveiller la pensée de l'observateur philosophe que nous avons mis au centre de tant de prodiges.

Quelque sublime que soit ce spectacle, qu'il est étroit et circonscrit en comparaison de celui qui s'empare de l'homme éclairé qui a dirigé la distribution d'un dépôt bibliographique, et qui en connoît toutes les richesses ! Comme tous les arts de l'industrie humaine développent, à ses yeux, leurs secrets mécaniques ! comme toutes les révolutions physiques, morales, religieuses, politiques et philosophiques de notre globe se succèdent ! comme les nations naissent, grandissent, fleurissent et tombent en décadence ! comme le langage divin des Homère, des Virgile, des Voltaire, semble le transporter dans une sphère céleste ! comme la voix tonnante et persuasive des Démosthène, des Cicéron, des Mirabeau rend autour de lui l'Univers attentif ! comme il voit Réaumur et Buffon, écrivant et peignant sous la dictée de la nature, les mœurs de tous les êtres vivans, depuis la République des laborieuses abeilles, jusqu'aux hordes isolées du monstrueux éléphant ; depuis les castes brillantes du papillon qui caresse légèrement les fleurs , jusqu'aux familles peu nombreuses planant au - dessus des orages ! comme il voit Archimède prenant en main son levier , et se préparant à déplacer le globe que nous habitons !......

Tout ne lui présente pas , il est vrai , des idées grandes , agréables ; et les écarts de l'esprit , comme les égaremens du cœur, ne forment pas la partie la moins volumineuse de la bibliographie. Ainsi des précipices dont l'aspect fait frémir , des rochers arides , des poisons à côté des simples salutaires , des serpens cachés sous le gazon et les fleurs , se sont offerts aux regards de notre observateur : mais s'il les a rapidement détournés sur des points plus satisfaisans de son vaste horison ; de même le bibliothécaire se hâte de s'avancer , là où le vieillard Théocrite , Virgile ou Gesner font entendre les doux sons de leur musette ; ici où les Anacréon , les Tibulle , les Horace , les Chaulieu, les Bernard , chantent mollement les vers que leur inspire l'amoureuse Érato ; plus loin encore où Lucien et Apulée , Swift et Sterne , Rabelais, Montesquieu, Lesage et Marmontel, enchantent ceux qui les écoutent, de leurs spirituels entretiens et de leurs instructions allégoriques.

Pour se procurer de solides jouissances , un

esprit cultivé ne s'en tient pas à des coups-d'œil rapides, il soumet ses méditations à une variété méthodique. Cette méthode utile doit résulter, (je le présume au moins) du plan que je propose pour le classement de ma collection bibliographique.

Depuis les tems héroïques où nous plaçons les premiers ruisseaux de la science, les premiers essais des arts et des talens, jusqu'à nos jours ; et en comprenant sous l'époque des tems héroïques, les siècles obscurs dont les Chinois, les Indiens, les Égyptiens, les Syriens et les Chaldéens composent leur première histoire, je divise ce long intervalle en quatorze époques remarquables pour la bibliographie.

PREMIÈRE ÉPOQUE.

HOMÈRE, le père des poëtes et le prodige de son siècle, se présente le premier dans cette vaste carrière.

DEUXIÈME ÉPOQUE.

ALEXANDRE-LE-GRAND, vengeant la Grèce, protégeant et enrichissant les beaux-arts, mais opprimant la liberté.

TROISIÈME ÉPOQUE.

PAUL-ÉMILE, transportant dans Rome les

trésors de Persée, et notamment la bibliothèque
de Macédoine.

QUATRIÈME ÉPOQUE.

AUGUSTE, entouré des beaux arts et com-
mandant, pendant quarante années, à toute la
terre connue.

CINQUIÈME ÉPOQUE.

MARC-AURÈLE, faisant asseoir sur le trône
des Césars, la philosophie.

SIXIÈME ÉPOQUE.

OMAR I, ce conquérant fanatique, incendiant
la fameuse bibliothèque d'Alexandrie, et vou-
lant substituer le seul Alcoran à toutes les richesses bibliographiques.

SEPTIÈME ÉPOQUE.

CHARLEMAGNE, luttant avec une lampe monacale, contre les épaisses ténèbres de son siècle et des siècles suivans.

HUITIÈME ÉPOQUE.

GUTTEMBERG, de concert avec Fauste et
Schœffer, donnant naissance à l'art typographique, à l'aide duquel nous avons tant de fois
centuplé les ressources de la bibliographie.

(41)

NEUVIÈME ÉPOQUE.

François I et Léon X, provoquant la renaissance des beaux arts.

DIXIÈME ÉPOQUE.

Richelieu, s'entretenant de science, au milieu des quarante premiers pères de l'Académie Française.

ONZIÈME ÉPOQUE.

Louis XIV offrant avec orgueil, aux hommes célèbres de la Grèce et de Rome, des rivaux dignes de ces fameuses républiques.

DOUZIÈME ÉPOQUE.

Voltaire, charbonnant sur les murs de la Bastille, les premiers essais de la Henriade.

TREIZIÈME ÉPOQUE.

Voltaire, couronné à Paris et descendant dans la tombe à quatre-vingt-quatre ans.

QUATORZIÈME ÉPOQUE.

La treizième époque devant renfermer les annales immortelles de la révolution, dont rien ne doit se confondre avec les évènemens ordinaires, je crois qu'elle doit être comte et se terminer à la fin de cette révolution qui a étonné le monde, et qui doit un jour améliorer son sort. Ainsi, puisse la quatorzième époque se désigner de la sorte !

BUONAPARTE, ami des arts et des savans, consolidant la République Française et donnant la paix à l'Europe.

Lorsqu'une fois je me suis formé les cadres chronologiques de ma bibliographie, je passe à la classification des genres ; et je mets dans un ordre uniforme qui embrasse successivement toutes mes époques, les matières diverses et les auteurs qui les ont traitées.

Dans la gallerie contenant telle époque et tel genre, les prosateurs ont leurs tablettes distinctes de celles des poëtes : il en est ainsi des originaux ou des traductions ; des brochures ou des ouvrages reliés ; des imprimés ou des manuscrits. C'est le seul sacrifice que je fais dans ce genre en faveur du coup-d'œil ; car la propreté de la reliure, le format des éditions, tous ces détails ne me paroissent pas devoir détourner le directeur, de l'ordre qu'il aura commencé d'adopter.

Ses tablettes sont préparées, ses galleries distribuées par époques ; et comme le génie qui dans le système des Hébreux, débrouilla le cahos du monde, le directeur placé au milieu

de ses trésors bibliographiques confusément
épars, assigne à chacun des auteurs et des ouvrages, la sphère qu'ils se sont eux-mêmes
créée, par leur esprit, dans le monde littéraire.

L'ordre des matières que je propose, n'est
pas le même que celui adopté par les savans
qui ont classé et généralisé les sciences ; mais
je l'ai fondé, autant que j'ai cru pouvoir le
faire, sur la naissance et les progrès des arts
et de la civilisation. Je me suis aussi rappro-
ché de l'ordre établi dans la plupart des gymnases nationaux, consacrés à l'instruction de la
jeunesse.

PREMIÈRE DIVISION.

L'AGRICULTURE.

Qui pourroit disputer à l'Agriculture, le premier rang que je lui assigne ; l'Agriculture qui
a enfanté tous les arts, qui a créé en quelque
sorte les nations et les gouvernemens ? Je la dis-
tingue au reste, des autres arts, parce qu'elle
seule est une source bibliographique, plus abondante que tous les autres arts ensemble. Je la
réunis au *COMMERCE*, parce que leurs premiers
élémens se sont toujours confondus ensemble
dans la naissance des sociétés.

DEUXIÈME DIVISION.

LES LANGUES ET LA GRAMMAIRE GÉNÉRALE.

Quelle échelle prodigieusement élevée parcourt l'esprit humain, depuis le syllabaire de l'enfance, jusqu'aux dictionnaires des académies et des plus habiles étymologistes ; depuis la grammaire des insulaires de la mer du Sud, jusqu'à la logique de Port-Royal et à l'Essai de Locke, sur l'entendement humain !

TROISIÈME DIVISION.

LES ARTS MÉCANIQUES.

QUATRIÈME DIVISION.

LES ARTS LIBÉRAUX.

Là nous verrons la jeune Débutade, en traçant les traits de son amant, sur une muraille qui portoit son ombre chérie, donner naissance à l'un des premiers arts libéraux ; et dans des tems modernes, Guttemberg créer le plus merveilleux de tous peut-être, en jettant en moule la pensée des savans.

CINQUIÈME DIVISION.

LES MATHÉMATIQUES, qui se divisent en arithmétique, en géométrie et en mécanique.

(48)

SIXIÈME DIVISION.

LES BELLES-LETTRES, qui se composent de tous les genres de littérature, depuis le triolet gaulois, jusqu'à l'Iliade d'Homère ; depuis les harangues impétueuses de Démosthène, jusqu'aux plaisantes allégories de Rabelais.

SEPTIÈME DIVISION.

LA COSMOGRAPHIE, qui renferme les savantes et utiles observations des astronomes et des géographes.

HUITIÈME DIVISION.

L'HISTOIRE NATURELLE, c'est-à-dire, la zoologie, la botanique et la minéralogie.

NEUVIÈME DIVISION.

LA CHIMIE ET LA PHYSIQUE.

Dans cette division se trouve, au premier rang, la *MÉDECINE* ou l'art de guérir, dont les principes doivent être les mêmes que ceux de la physique ; (1) à moins qu'on ne veuille la faire dégénérer en charlatanisme.

---

(1) C'est avec bien de la raison que, chez certains peuples, la physique et la médecine sont la même chose. En anglais, *physick* ou *physicks*, signifie la science de la physique. *Physician* veut dire un médecin et un physicien.

DIXIÈME

DIXIÈME DIVISION.

L'Histoire des Nations. Les relations de voyageurs appartiennent à cette division.

ONZIÈME DIVISION.

La Législation. Tout ce qui a rapport à la science des lois, des gouvernemens et de l'économie politique, doit se renfermer dans cette division.

DOUZIÈME DIVISION.

La Morale.

Ici je trace une ligne de démarcation entre les ouvrages qui traitent de la morale universelle, et ceux qui contiennent la morale religieuse d'une secte quelconque, et la théologie de tous les peuples.

TREIZIÈME DIVISION.

Les Ouvrages Périodiques.

Ce genre, qui appartient aux modernes, offre une si grande abondance de richesses bibliographiques et une si grande variété dans les genres, que je crois nécessaire de lui assigner une place particulière dans la collection générale.

Ici l'on me demandera sans doute quelle place j'assignerai, dans ces divisions aux auteurs qui auront traité des sujets appartenant à plusieurs de ces divisions. Quelle place en effet, assigner à des hommes qui ont parcouru tous les climats du monde littéraire, en y laissant des monumens d'un génie presqu'universel? J'examine le genre dans lequel ces auteurs ont le plus éminemment brillé, et je les attache à la division qui le renferme; mais à la fin de chaque division, j'ai une table raisonnée des auteurs qui, quoique placés dans d'autres tablettes, renferment néanmoins quelques productions qui lui appartiennent.

Ainsi je place Aristote dans la deuxième division, à la tête des maîtres en dialectique; mais la sixième division, dans la table alphabétique, rappelle sa poétique, sa rhétorique; la huitième, son histoire des animaux; la douzième, sa morale.

Ainsi notre immortel Voltaire, placé comme poète épique, dans la sixième division, laisse dans toutes les autres, des monumens de son heureuse fécondité.

TROISIÈME SECTION.

Devoirs d'un Bibliothécaire.

Enfin le bibliothécaire imbu des connoissances aussi variées qu'étendues, que ses fonctions exigent, après avoir établi l'ordre que nous n'avons fait qu'ébaucher, dans sa collection scientifique, doit chaque jour se mettre sous les yeux les devoirs importans que la philosophie et le patriotisme lui imposent.

Il se doit au public et sur-tout à la foule des vrais amateurs, qui trouveront en lui une bibliothèque parlante, qui tireront plus de secours de sa vaste et complaisante érudition, que de ses registres d'ordre, de ses tables alphabétiques, de ses séries numérotées.

Il se doit à une jeunesse curieuse et avide d'instruction, pour qui il sera un guide sûr et affable qui les conduira vers les sources les plus pures et les plus abordables.

Il doit être pour les professeurs des différentes écoles de son département, un collègue utile, un ami éclairé, un conseil permanent, qui, de concert avec eux, travaillera aux succès de l'instruction publique.

Il se doit sur-tout à la prospérité de son département, dont toutes les richesses, toutes les ressources lui seront connues et presque familières.

Sans doute, il n'est plus sur le sol français de contrée qui n'ait été vivifiée par quelque génie tutélaire ; et s'il faut emprunter une allégorie mythologique, qui n'ait ses penates ou divinités locales.

La NIÈVRE (1) n'a-t-elle pas sujet de se glorifier des hommes célèbres qu'elle a produits, et le bibliothécaire pourroit-il, sans reproche, ne point se procurer les productions de ses concitoyens ? (2)

Nous verrons donc figurer dans le temple de la bibliographie de la Nièvre,

GUY COQUILLE, ce rédacteur, ce commentateur habile des coutumes de nos ancêtres ;

ADAM BILLAUT, ce poëte menuisier qui a chanté si gaiement les orgies de l'amitié ;

JEAN BERRYAT, physicien aussi habile que modeste et estimable ;

ROGER DE PILES, en qui les peintres, les littérateurs et les négociateurs peuvent trouver un guide et un modèle ;

LE PRESTRE DE VAUBAN, ce guerrier phi-

-----

(1) Je ne pouvois, sans tomber dans une répétition fastidieuse, parler ici de tous les départemens ; mais je devois ce tribut, de préférence, à celui qui m'a vu naître.

(2) On chercheroit en vain dans la plupart des bibliothèques des départemens les œuvres complettes des aborigènes. Une somme modique auroit pu cependant procurer aux amateurs cette agréable jouissance.

losophe et républicain, à qui la France doit ses fortifications les plus inexpugnables ;

BUSSY-RABUTIN, littérateur satyrique et courtisan malheureux ;

BARREAU-LA-CHAUSSADE, le Vulcain de la Nièvre ;

BROTIER, continuateur et rival heureux de Tacite ;

NÉE DE LA ROCHELLE, auteur d'une histoire de son pays et de plusieurs romans ;

ROBERT LE-JEUNE, l'un des premiers aéronautes ;

LES MANCINI, et notamment le ci-devant et dernier duc de Nivernois, émule estimable de Lafontaine et d'Horace.

Familier avec tous les genres de connoissances, il réunira, s'il le faut, à la bibliographie de son département, le cabinet des médailles et des antiquités; les collections géographiques; le musée des arts et de l'histoire naturelle; les archives de la législation. Par-tout il portera l'esprit d'ordre et de lumières qui a présidé à la distribution de sa bibliothèque.

Quelles ressources n'offrira point aux artistes d'un département, aux amis des lettres, aux administrateurs intelligens et bons citoyens, aux talens de tous les genres, une bibliothèque sagement distribuée, dirigée, alimentée de toutes les richesses nouvelles qui étendent les limites des connoissances humaines ! quelles correspondances utiles, intéressantes n'entretiendra pas le bibliothécaire avec les savans de son pays et peut-être même de l'Europe entière ?

C'est ainsi qu'en versant sur le département de la Nièvre, avec les lumières de la philosophie, les semences de toutes les industries, de toutes les sciences, on vivifiera ce sol naturellement fécond, qui, depuis si long-tems appelle la main du cultivateur et la pensée du philosophe.

N B. Cet Essai sera suivi de l'histoire caractéristique de la Bibliographie chez toutes les nations ; depuis les quipos de l'Amérique, jusqu'à l'immortelle collection de l'Encyclopédie.

BIBLIOTHEQUE NATIONALE DE FRANCE - PARIS

www.ingramcontent.com/pod-product-compliance
Lightning Source LLC
Chambersburg PA
CBHW051633060726
47597CB00004B/1558